Josef Ising

Zeitlingstupfer

auf dunkler

Materie

gedacht - gefragt - verdichtet

www.tredition.de

© 2020 Josef Ising

Verlag und Druck: tredition GmbH, Halenreie 40-44, 22359 Hamburg

ISBN Paperback: 978-3-347-09153-5

Bibliografische Information der Deutschen Nationalbibliothek:

Die Deutsche Nationalbibliothek verzeichnet diese Publikation in der Deutschen Nationalbibliografie; detaillierte bibliografische Daten sind im Internet über http://dnb.d-nb.de abrufbar.

„Höher als die

Wirklichkeit

steht die

Möglichkeit"

Martin Heidegger

für

Irmgard

zeitwinzlinge

zeitzärtlich
geformt
seit
jahrmillionen
getropft
in
millimeterbruchteilen
ein
steinzapfendom
wuchtstrahlend
dauer
atmend
höhlentief
von
vorbeiziehenden
zeitwinzlingen
ehrfürchtig
staunend
betrachtet
dabei
eigenen
vorübergang
spürend

abhebungen

von
der
kosmischen
saugkraft
alles
verschlingender
schwarzer
löcher
hebt
sich
entziehende
unfassbare
dunkle
materie
geheimnisvoll
ab
dazwischen
eingestreut
einsame
raumzeitsplitter
als
vorläufige
existenzinseln
für
blasse
lebenstupfer

dimensionen

kaum
ahnbare
unendlichkeiten
von
milliarden
lichtjahren
im
blick
von
teleskopen
beschwören
eigene
bedeutungslosigkeit
und
doch
schrumpfen
solche
raum-zeit-bereiche
im
geburtsschrei
eines
säuglings
der
diese
unendlichkeit
wird
einmal
bestaunen
können

tropfszenen

leben
von
vielfältigem
alltagstropfen
begleitet
in
wassertropfen
tautropfen
blutstropfen
schweißtropfen
regentropfen
selbst
die
zeit
scheint
zu
tropfen
immer
nach
unten
tropft
es
vielleicht
alles
einmal
gesammelt
in
bodenlosem
grund

bedeutungen

im
oft
mit
unsterblichkeitsschmuck
verzierten
bedeutungsschaufenster
aufgereiht
sind
denkmäler
heldenstatuen
ruhmeshallen
triumpfbögen
erfolgsgeschichten
medailliensammlungen
pokalsammlungen
letztlich
alles
verblassende
schaustücke
mit
verfallsdatum

bungee

immer
wieder
den
sprung
wagen
in
den
neuen
tag
ohne
die
gewissheit
ob
das
lebensseil
im
heute
nicht
reißen
wird
beim
täglichen
lebensbungee

vergeher

wiederholen
gelingt
manchmal
wenn
auch
nie
identisch
aber
nachholen
des
vorbei
gelingt
nie
dazu
sind
wir
zu
sehr
unterwegs
als
davon
eilende
vergeher

ausstiege

heute
hat
er
umfassend
gekündigt
zeitungsabbonnement
handyvertrag
internetanschluss
energieversorger
mietvertrag
alpenvereinsmitgliedsschaft
musikverein
motorradclub
gartenfreunde
alles
im
freiheitsgefühl
seiner
entscheidung
der
kündigung
des
lebensvertrags
zu
seinem
gewählten
termin

mars

keiner
strahlt
heller,
in dieser Nacht
aus
vielen
millionen
kilometern
im
teleskop
werden
seine
lichtzacken
rund
erstaunlich
denn
nicht
vieles
rundet
sich,
wenn
man
genauer
hinschaut

jetzt

ständig
diese
balance
finden
im
zeitströmen
gewesenes
lassen
können
verzichten
auf
vorgriffe
nach
kommendem
und
nur
hellwach
sein
für
dieses
flüchtige
jetzt

gewiss

fest
steht
ja
nur
das
dass
unbekannt
nähere
umstände
und
doch
geht
es
dabei
um
das
einzige
was
immer
schon
gewiss
war
im
leben
seit
es
begann

durchfahrten

unvorhersehbar
solche
durchfahrtstage
die
nicht
bei
dir
anhalten
im
zeitzug
einfach
vorbeirauschen
unbeschriftet
bleiben
als
leere
lebensseiten

beschreibung

wenn
wissenschaftler
menschen
als
wasserbehälter
beschreiben
in
denen
chemische
prozesse
stattfinden
die
als
leben
bezeichnet
werden
ist
das
für
manche
trotz
des
wassers
sehr
trockener
humor

davor

entstehungsüberlegungen
eines
experten
rätseln
was
am
anfang
war
und
was
vielleicht
davor
weil
solcher
anfang
ja
auch
nur
ein
danach
sein
könnte
tastende
denkversuche
in
abgründigem
grenzbereich

abschlüsse

das
finale
der
letzte
satz
sinfonieabschluss
danach
applaus
der
letzte
atemzug
lebensabschluss
applauslos
in
der
regel
und
vielleicht
auch
nicht
immer
als
ende gut
alles gut
wie
man
so
sagt

getragen

das
boot
zeichnet
flüchtige
wassermuster
auf
den
seeflächenspiegel
gleitet
ungestört
über
verborgenem
und
diese
unbekannte
tiefe
trägt

lebenslied

die
unterschiedlichen
lebensmelodien
machen
nur
schwer
empfänglich
dafür
dass
alle
nur
teil
einer
lebenskomposition
sind
eines
liedes
mit
einem
verbindenden
text
der
einzig
bleiben
wird

fossilien

wie
ein
fossilieninterview
millionen
jahre
alte
spuren
bewahrt
in
erdschichten
erzählen
mitunter
von
ganz
vertrautem
von
verletzungen
ernährungsgewohnheiten
kämpfen
klima
nachkommen
kosmischer
bedrohung
da
ist
viel
bleiben
im
vergehen

bretagne

ckarakterküste
bretagne
hart
trifft
auf
weich
schaumwelten
schaffend
dazu
ein
horizontrahmen
mit
wellen und wolken
schatten
licht
windspiele
mit
gichttupfern
für
meerzauber

lebenskampf

elternanflüge
minutengetaktet
zielgenau
durch
das
nistkastenloch
lebensgieriges
zwitschergeschrei
aus
jungen
meisenschnäbeln
verstummt
nur
kurz
im
inneren
wieviel
kampf
begleitet
leben
todverwoben
von
beginn
an

blütenahnen

volles
blütenleuchten
ist
leise
bereits
unterwegs
zum
welken
und
wird
hinter
aller
farbenpracht
und
lebensstarkem
fruchtreifen
wenn
auch
noch
verborgen
doch
immer
schon
blütengeahnt

wahrnehmungen

nur
manche
lichtwellen
nimmt
unser
auge
farblich
wahr
vielleicht
ist
die
welt
gar
nicht
bunt
wie
wir
sie
sehen
dennoch
ist
mein
blick
auf
herbstfarben
sonnenbestrahltes
blättermosaik
waldbodenverhaftet
reiner
farbgenuss

satzreihen

viele
nachsätze
musste
er
schon
formulieren
um
das
verfehlen
der
vorsätze
zu
rechtfertigen
zu
entschuldigen
zu
erklären
und
so
ergab
ein
satz
den
anderen

leerplatz

erstaunlich
wieviel
sinnentleertes
gerede
und
getue
manchmal
anfällt
am
tag
und
die
zeit
ausfüllt
ja
auch
leere
kann
platz
einnehmen

erschöpfung

wenn
erschöpfung
einmal
überwältigend
eintritt
loslassenmüssen
und
machtlosigkeit
dabei
erstaunlicherweise
auch
angstfrei
erlösend
empfunden
werden
können
deutet
sich
vielleicht
spurhaft
ein
noch
ausstehendes
finale
an

grabsteinfrei

längst
eingeebnet
zur
wiese
geworden
ist
das
kleine
klosterkrankenhaus
in
dem
er
zur
welt
kam
und
er
denkt
ja
so
grabsteinfrei
vielleicht
nur
in
erinnerungen
vorübergehend
bewahrt
endet
sich
gut

bildweisheiten

wie
die zeit
vergeht
spürt
er
beim
betrachten
alter
fotos
nachdenklich
beim
blick
in
das
eigene
gesicht
das
ihn
anschaulich
lehrt
dass
nicht
allein
die
zeit
vergeht

meldungen

nachrichten
melden
interessantes
unerwartetes
fürchterliches
erfreuliches
wie
ein
hoffnungsangstgewässer
wellt
die
welt
näher
oder
entfernter
vor
dem
betrachter
der
dabei
nicht
immer
spürbar
aber
gewiss
in
allem
geschehen
mitwogt

rücktritte

merkwürdig
solche
aufregungen
sondersendungen
schlagzeilen
bei
manchen
rücktritten
als
ob
das
zurück
nicht
das
selbstverständlichste
wäre
in
einem
lebensmodus
mit
verfallsdatum

hörredner

es
ist
eine
frage
ob
manche
von
denen
gesagt
wird
dass
sie
sich
gerne
selbst
reden
hören
überhaupt
noch
ein
ohr
für
andere
haben
können
vor
lauter
mund

besinnung

zufallsprodukt
umständehalber
sachzwänge
alles
verbreitete
etikettierungsfloskeln
im
ereignisregister
leben
das
nur
jeder
selbst
besinnen
kann
denn
wer
außer einem selbst
sollte
seinem
leben
sinn
geben
können
eine
fremdbesinnung
etwa

alkazar

wie
tortenguss
der
zinnensaum
auf
den
mauern
optische
zartheit
über
der
mächtigkeit
der
quaderwände
darin
wundengleich
scharten
und
tore
verletzbarkeit
ahnend
inmitten
der
steinwucht

mittelpunktler

im
mittelpunkt
stehen
ist
sehnsuchtsort
vieler
bühnenmenschen
lichtgestalten
machtwesen
für
andere
ist
gerade
das
schreckzsenerie
ein
fadenkreuzort
für
auslieferung
an
begaffung
applaus
oder
shitstorm

pfützen

nicht
alle
stillen
wasser
sind
tief
lehrt
ein
blick
in
pfützen
aber
zugleich
auch
dass
unberührt
davon
sich
dennoch
wolken
sterne
himmel
sonne
darin
spiegeln
können

entzogen

manchmal
folgt
mein
blick
nachdenklich
dem
unermüdlichen
wandern
des
sekundenzeigers
und
ich
spüre
das
ablaufen
der
zeit
die
sich
vor
mir
und
in
mir
unaufhaltsam
entzieht

ostereier

bunte
eierschalenmuster
leuchtend
zerbrechlich
als
vorübergehender
farbschmuck
für
frühlingstage
ermunternde
aufbruchzeichen
zu
neuem
hoffnungvollen
unterwegs
ins
wieder
aufbrechende
leben

stadterwachen

noch
nächtliche
sternpromenade
auf
himmelsbahnen
zurückhaltend
leuchtend
der mond
und
alles
überstrahlend
heute
jupiter
selbst
noch
morgenfrüh
beim
erwachen
vereinzelter
vogelstimmen
verträumtem
gezwitscher
in
embryonalem
dämmern
vor
dem
anschwellenden
morgenschrei
einer
erwachenden
stadt

gegenläufig

bezeichnend
diese
fortschreitende
gegenläufigkeit
des
erkennens
das
mit
jedem
zuwachs
von
wissen
vor
allem
das
gleichzeitige
anwachsen
des
noch
ungewussten
in
den
blick
bekommt

durchatmung

ab
und
zu
ereignet
sich
ein
aufsteigen
aus
unterbewussten
versickerwelten
in
uns
gesprochenes
verschwiegenes
verdrängtes
taucht
auf
ermöglicht
tiefes
befreiendes
durchatmen
mit
einer
seelenlunge
durchlüftet
mit
unbekannt
vertrautem

mitwirkung

niemand
wurde
gefragt
ob
er
geboren
werden
und
somit
auch
sterben
wollte
als
mitwirkungsmöglichkeit
bleibt
lediglich
den
zeitpunkt
des
endes
vielleicht
einmal
mit
zu
bestimmen

gedankensturm

manchmal
reißt
ihn
ein
gedankensturm
mit
wie
ein
wildbach
in
dem
er
haltverloren
treibt
und
aus
der
fast
bedrohlichen
flut
versucht
er
anzulanden
an
ein
wortufer

zeittropfen

manche
tage
perlen
an
mir
ab
regentropfengleich
ohne
mich
zu
erreichen
bilden
zeitpfützen
um
mich
die
nichts
widerspiegeln
von
mir
bleiben
nur
leere
zeittropfen

wannsein

wo
genau
ich
bin
weiß
ich
nicht
immer
aber
wann
ich
bin
ist
mir
stets
im
nu
wenn
auch
ungreifbar
und
verborgen
doch
gewiss

nahtgedanken

zwischen
schlafen
und
erwachen
diese
nahtmomente
die
träume
fortsetzen
können
beim
aufwachen
manchmal
erfolgreich
einübbar
solche
grenzübertretungen
und
darin
ahnbar
ein
mögliches
traumerwachen
nach
letztem
großen
schlaf

entschieden

durch
die
mitunter
empfundene
banalität
eigenen
existierens
fühlt
sich
mancher
angesichts
des
lebenswunders
herausfordert
gefühlsmäßg
zu
gewichten
zwischen
sein und nichts
als
ob
nicht
gerade
diese
gewichtung
schon
längst
entschieden
wäre

weinton

machtvoll
dieser
farbton
des
weins
im
glas
vor
den
augen
sonnenbewirkt
ob
die
behutsam
kostende
zunge
ihn
vielleicht
sogar
auch
hören
kann

passivfrage

ob
es
aus
einem
leben
in
das
jeder
ungefragt
eingelebt
wurde
auch
ein
entkommen
gib
oder
vielleicht
ein
weitersein
ebenso
ungefragt
hingenommen
werden
muss
steht
noch
im
raum

erinnern

wo
tod
eintritt
startet
oft
gedenken
wie
stiller
protest
gegen
solches
vergehen
aber
erinnern
findet
in
anderer
wirklichkeit
statt
jedes
vorbei
bleibt
davon
unberührt

stierkampf

hinrichtungsdenkmäler
sind
diese
arenen
ihre
eisenbewehrten
zugänge
brechen
nicht
den
stolz
mächtiger
stiere
steigern
nur
den
zorn
über
heimtückische
gegner
das
schamlose
ausspielen
von
überlegenheit
die
tiere
trotzen
dem
opferlechzenden
applaus

kurshalten

schwierig
dieses
navigieren
in
icheinsamkeit
unterwegs
nur
mit
eigenem
kompass
eigenem
blick
und
dennoch
nicht
abweichen
sollen
und
zielgerichtet
lebenskurs
halten

entzug

den
atomkern
längst
verlassend
und
weitersuchend
nach
seinsbausteinen
entstehungsgründen
dem
verwinzigen
folgend
im
kleinen
und
dem
entweichen
im
großen
das
seiende
scheint
sich
jedem
endgültigen
zugriff
zu
entziehen

unausrottbar

seelentief
verwurzelt
bleibt
diese
sehnsucht
nach
einem
guten
ausgang
als
unausrottbare
ahnung
hoffnung
vielleicht
sogar
gewissheit
auch
angesichts
von
verbrechen
katastrophen
misserfolgen
unfällen
kampfhandlungen
im
alltäglichen
menue
der
meldungen

vorteil

manchmal
gerät
aus
dem
blick
dass
sowohl
mit
einem
voran
als
auch
einem
zurück
viel
vorteil
erfolg
und
fortschritt
verbunden
sein
können

politgepoker

wie
häufig
werden
werte
grundsätze
ziele
rechte
inhalte
leichtfertig
zerrieben
im
demokratisch
verbrämten
politgepoker
und
beim
machtgierenden
gerangel
zwischen
minderheiten
und
mehrheiten
leichtferig
verspielt

evolutierend

aus
allstaub
molekülgezeugt
unterwegs
zu
winzgen
zellschöpfungen
lebenshungrig
wasser
land
luft
erobernd
schließlich
allerstrebend
unterwegs
weiter
menschlich
übermenschlich
außermenschlich
übersteigend
zu
zukünftigen
vielleicht
posthominiden
horizonten

weggeher

der
laudator
hebt
besonders
hervor
dass
der
belobigte
seinen
weg
gegangen
sei
und
keiner
fragt
was
denn
sonst
in
aller
welt
er
hätte
tun
können

lichtschatten

licht
allein
erscheint
für
augen
gestaltlos
nur
wenn
es
auf
anderes
trifft
kann
es
beleuchten
schatten
erzeugen
formen
gestalten
sonst
muss
es
sich
selbst
genügen

faltung

sein
blick
ruht
auf
dem
delta
von
adern
seiner
faltigen
hand
ahnend
wie
sich
zunehmend
das
leben
in
ihm
leise
zusammenfaltet

zeitschulungen

so
wurde
er
erzogen
bloß
nicht
zu spät kommen
nicht
auf den letzten drücker
pünktlichkeit zählt
deshalb
war
er
lieber
immer schon etwas früher da
am
ende
aller termine
kann
er
dann
vielleicht
sogar
sagen
schön
dass du kommst
ich
habe
bereits
auf
dich
gewartet

ozeanien

boote
wie
nussschalen
weiße
segeltupfer
auf
blauem
wasser
der
wellentanz
einer
langen
dünung
von
möven
verziert
darüber
himmelweite
und
in
der
ferne
schaumklingendes
brandungsspiel

antigesang

you
never
walk
alone
ein
antigesang
dieses
lied
auch
gegen
einen
letzten
schritt
den
einmal
wohl
jeder
alleine
wird
tun
müssen

.

neubeginn

langsam
steigen
gedanken
wieder
über
den
schmerzhorizont
tasten
unsicher
noch
in
neues
empfinden
sinn
blinzelt
wieder
in
noch
verschwommene
gegenwart
und
immer
wieder
spülen
tränen
gedanken
ins
vergessen

zeitzone

diese
einzige
kostbare
flüchtige
habitable
zeitzone
dieses
jetzt
im
heute
dieser
winzige
lebenskeimling
im
unermesslichen
raumzeit
kosmos

tastverbindung

die
sprache
der
todesanzeigen
hat
eine
besondere
färbung
durch
tastende
verbindungen
von
ahnen
hoffen
wissen
glauben
erkenntnisweisen
die
sonst
im
leben
oft
nur
konkurrieren

gänsefüßchen

fuß vor fuß
messen
kinder
beim spiel
oft
ergebnisabstände
gänsefüßchen
als
erste maßeinheit
später
folgen
dann
größere schritte
raumgreifender
mitunter
große lebenssprünge
bis
sie
schließlich
nach jahren
wieder
trippelnd
unterwegs
sind
im
tempo
des anfangs
ein
kreis
schließt
sich

selbstankunft

schier
endlos
kann
der
weg
werden
zur
selbstankunft
aber
wer
möchte
nicht
bei
sich
sein
spätestens
wenn
einmal
tod
anklopft
wen
würde
er
sonst
antreffen

verschiebungen

geologische
prognosen
sprechen
von
einer
nordverschiebung
der
afrikanischen
platte
nach
europa
in
jahrmillionen
wohingegen
die
kontinentale
humanverschiebung
bereits
deutlich
spürbar
begonnen
hat

einordnungen

zunehmende
erkenntnisse
über
unfassliche
raumdimensionen
rasendes
auseinandertriften
von materie
in
lichtjahrsentfernungen
und
andererseits
eröffnen
von
abgründigen
nanobereichen
verschiebt
ehemals
anthropozentrisches
raumverständnis
endgültig
aus
dem
bewusstsein

laufen

wenn
eine
sache
wie
manchmal
gesagt
ihren lauf
nimmt
ist
dabei
ein
ziel
nicht
immer
erkennbar
und
der
weitere
ablauf
erst
zeigt
ob
sie
sich
letztlich
in ihrem lauf
nur
verlaufen
hat

zielsicher

seit beginn
von
der
zeugung
zum
tod
liegt
bereits
der ausgang
fest
nicht
mögliche
zwischenstationen
geburt
lachen und leid
erfolg und verlust
ansehen und verachtung
sieg und niederlage
einsamkeit oder gemeinschaft
wie auch immer
wo auch immer
die
wege
verlaufen
sie
führen
alle
sicher
zum
ziel

vertrocknen

selbst
wenn
alles
tun
manchmal
quasi
zu
vertrocknen
scheint
im
alltagssand
bleibt
doch
immer
noch
eine
spur
als
lebensschriftzug
zurück
einmalig
und
wenigstens
kurzzeitig
nachlesbar
vor
umfassendem
endgültigen
verblassen

bestäubungen

ob
nur
blütenstaub
bestäubt
werden
kann
zur
fruchtreife
oder
vielleicht
auch
urnenstaub
zum
reifen
einer
unbekannten
lebensfrucht
wer
weiß
das
schon

klimawandel

schmelzende
gletscher
gewaltzunahme
steigende
meeresspiegel
versteppung
artensterben
temperaturanstieg
kriminalitätszunahme
landflucht
überalterung
vereinsamung
resistente keime
pandemien
zahlreiche
und
unterschiedlichste
gesichter
eines
facettenreichen
globalen
klimawandels

unterbrechung

besser
unterbrochen
als
ununterbrochen
weg
von
eingefahrenen
gleisen
alltagstrott
routine
der
wiederkehr
des
immer
gleichen
man
weiß
ja
was kommt
aber
entschuldigen sie
die unterbrechung
bittet
die
moderatorin

april

tagesringen
im
helldunkelwechsel
dazwischen
graues
patt
farbfressender
dunst
plötzlich
windgetriebene
grelle
sonnenblitze
farbperlen
wolkenjagt
wogendes
tropfendes
polterndes
frühlingsgewitter
es
ist
april

lebenslauf

das
hamsterrad
leben
muss
er
selbst
bewegen
das
laufband
leben
bewegt
ihn
beides
täuscht
nicht
darüber
hinweg
dass
er
nicht
von
der
stelle
kommt
warum
bewegt
er
sich
doch

vakuum

kein
vakuum
wird
entstehen
wenn
die
ehrfurcht
vor
dem
leben
schwindet
diesen
raum
wird
dann
die
furcht
einnehmen

gezeichnet

zeichnungen
auf
seiner
haut
spielen
eine
sanfte
farbmelodie
langsam
anbahnend
die
finale
tönung
er
aber
hört
noch
nicht
was
da
gespielt
wird
selbst
wenn
es
andere
ihm
schon
leise
vorsummen

mitleiden

es
tat
ihr
leid
am
morgen
das
überfahrene
eichhörnchen
auf
der
straße
am
abend
registrierte
sie
dagegen
entspannt
die
nachricht
vom
unfalltod
eines
fernfahrers
am
stauende

eigentlich

verhinderter
eintritt
durch
viel
zuviel
von
allem
als
schwer
zu
durchbrechende
überflusskruste
auf
dem
weg
zur
eigentlichkeit
die
aufbewahrt
ruht
im
befreiten
umfeld
des
weniger
ist
mehr

saatmenschen

menschen
wie
saatkörner
ungefragt
eingepflanzt
in
gründe
und
abgründe
sehnsuchtsvoll
geprägt
zum
wachsen
blühen
auch
am
ungewählten
ort
wo
das
keimen
begann
zum
lebensroulett

verraucht

rauch
von
fabrikschloten
vulkanen
müllhalden
zigarren
feuerwerkskörpern
tabakpfeifen
kaminen
auspuffrohren
explosionen
lagerfeuern
räucherkammern
krematorien
unzählige
raucherzonen
in
denen
leben
verraucht

inkontinent

auch
der
mund
ist
ein
schließmuskel
wer
ihn
nie
halten
kann
wem
die
worte
zu
häufig
unkontrolliert
herausfallen
der
leidet
an
verbaler
inkontinenz
derzeit
noch
nicht
heilbar
wie
es
scheint

zeitgestrahlt

es
gibt
kein
zurück
auf
dem
vorwärts
drängenden
zeitstrahl
an
den
wir
angeheftet
sind
eine
radikale
vorgabe
für
alle
versuche
die
lebensrichtung
ausschließlich
selbst
zu
bestimmen

selbstverständnis

ich
bin
der
ich
bin
soll
sich
einer
benannt
haben
eigentlich
doch
auch
ein
schönes
angebot
für
alle
denn
mit
solchem
selbstverständnis
lässt
sich
gut
leben

black friday

blickegewirr
im
menschenstrom
hastblicke
gierblicke
sogar
kampfblicke
im
gedränge
der
wühltische
häufig
hinzukommend
neidblicke
im
konsumgeraffe
manchmal
auch
glücksblicke
beuteverklärt
in
der
haben
ist
trumpf
stimmung

zuordnung

abgeschoben
auf eis gelegt
beseitigt
entsorgt
verschrottet
nicht
nur
sachen
probleme
vorhaben
auch
menschen
in
undifferenzierter
zuordnungsviefalt
für
abfälle
ausylanten
altwagen
unterstützungsanträge
obdachlose
altersschwache
manch
fragwürdige
verortungen
im
gesellschaftlichen
ordnungsgefüge

tide

der
rhythmus
ist
immerwährend
weg
gehen
sich
zurück
ziehen
verlässlich
vorhersehbar
dann
wiederkommen
manchmal
kraftvoll
überschäumend
nur
um
erneut
zu
enteilen
ständiges
auf
und
ab
als
lebenstide

freiheitsfeind

es ist
wie
es ist
sagt
sich
oft
leicht
aber
an
schmerzenden
grenzen
an
denen
ohnmacht
jedes
verhindern
begleitet
wird
solches
es ist
nur
noch
als
freiheitsfeindlich
empfunden

zeitglobal

spargelzeit
erdbeerzeit
kartoffelernte
getreidemähen
traubenlese
neuer süßer
viele
jahreszeiten
waren
oft
fruchtmarkiert
vor
der
großen
zeiteinebnung
und
entrhythmisierung
durch
luftfracht
tiefkühlung
mit
uhrzeigern
einer
jederzeitfruchtfolge
in
globalisierter
zeitrechnung
und
ortloser
allzeitreife

aufgehoben

das
verbot
die
strafe
die
grenze
wurde
aufgehoben
das
geldstück
das
kind
der
gestürzte
wurde
aufgehoben
tägliches
menschliches
aufheben
als
pendeln
zwischen
bergen
und
beenden

tagesfahrt

morgens
tagtägliches
auslaufen
im
zeitkahn
an
land
in
der
luft
auf
dem
wasser
sich
dem
unterwegs
aussetzen
im
vertrauen
einen
unverfügbaren
zeithafen
am
abend
wieder
zu
erreichen

in pace

leben
führt
letztlich
immer
zur
ruhe
weil
einmal
jeder
atem
flacher
wird
kräfte
nachlassen
der
herzschlag
aussetzt
hoffnung
bleibt
dass
diese
ruhe
in
den
oft
beschworenen
frieden
mündet
requiescat
in
pace

textverlust

wenn
er
zwar
die melodie
noch
leise
mitsummt
den text
aber
nicht
mehr
mitsingen
kann
weil
er
die worte
verlor
so
stirbt
ihm
das lied
doch
nicht
völlig
solange
im
noch
die töne
bleiben

vorenden

wenn
ich
nicht
mehr
weiß
wer
ich
bin
wer
du
bist
wo
das
warum
was
wie
in
meinem
leben
einen
ort
hat
geschieht
vorenden
vor
dem
verenden

entfernen

solange
es
geht
distanzen
abbauen
inmitten
von
kontaktlosem
nebeneinander
menschenferne
überbrücken
im
zwischenmenschlichen
raum
beheimaten
in
fernfremder
nähe
ankommen
beieinander
bevor
der
große
aufbruch
endgültig
wieder
entfernt

nachkriegsgezeugte

wieviele
kampfgene
wurden
weiter
gezeugt
noch
jahre
nach
kriegsende
wieviel
von
gefangenschaft
nahkampf
geschützlärm
und
nie
mitgeteiltem
wurde
so
vielleicht
lebensprägsam
übermittelt
wieviel
abgründiges
weitergegeben
in
ungezählten
nachkriegsgezeugten
weltweit

ungekrümmt

trotz
der
erkenntnis
der
relativität
der
zeit
der
krümmung
des
raumes
geht
alltagsleben
dennoch
unverändert
weiter
unbeirrt
anscheinend
selbstsicher
stabil
und
gefühlt
weiterhin
aufrecht
und
ungekrümmt

fernreise

wie
im
reisefieber
unterwegsreize
auskosten
neulandfernen
erforschen
beglückung
spüren
mitunter
auch
verängstigung
und
kein
ende
absehen
ja
er ist weit
der weg
zu
sich
selbst

ankünfte

unterwegs
aus
eigener
herkunft
zu
entzogener
zukunft
mit
immer
neu
hereinbrechenden
ankünften
missglückten
ersehten
vergeblichen
gelungenen
befürchteten
in
ständiger
herausforderung
solches
leben
als
eigenes
zu
gestalten

ausweichung

die
vergangenheit
muss
der
zukunft
weichen
höre
ich
und
zweifle
ob
sie
nicht
nur
ausweicht
und
still
begleitend
und
wirksam
mit
unterwegs
bleibt

second hand

was
wirklich
ist
erfahren
wir
angeblich
nur
durch
den
biofilter
unserer
nervenzellenaktivität
ist
also
unsere
wirklichkeit
nur
ein
neuronenkostrukt
second
hand
erfahrung
gewissermaßen

unmöglichkeit

im
selben
augenblick
in
dem
er
sagte
sein
geburtstag
sei
nur
ein
tag
wie
jeder
andere
spürte
er
die
unmöglichkeit
etwas
einmaliges
so
einzuebnen

lebenslänglich

irgendwann
endet
alles
lebenslänglich
winkt
befreiung
lautet
der
entwurf
für
alles
lebendige
nicht
nur
für
verurteilte
straftäter
und
so
werden
alle
vereint
in
einer
tröstlichen
gewissheit

wie

nicht
das
ist
seine
frage
wie
alt
er
werden
möchte
sondern
wie
er
alt
werden
möchte
sagte
er
im
interview
denn
davon
würde
abhängen
wann
ihm
sein
leben
genügte

übergang

kein
datum
für
neuen
lebensbeginn
existiert
im
naturkampf
gegen
winterkälte
sonnenferne
nur
letztes
blütenspotten
und
buntprotest
gegen
kältegrau
und
dunkelheit
jetzt
wird
erfrieren
besonders
leicht
möglich

humanmaterial

gewichtskontrolliert
entfettet
muskeloptimiert
durchgemessen
zahlreich
sind
diese
humankreationen
für
lauftstege
wettkämpfe
prämierungen
castings
als
gattungsangebote
für
erstaunlich
selten
angezweifelte
geschmacksjuroren
für
humanmaterial

novembrig

lichtertanz
auf
den
gräbern
sternenhaft
schimmernd
in
der
nebligen
dämmerung
flackerndes
hoffnungszittern
in
der
scheuen
begegnung
von
lebenden
und
toten

abschnitte

täglich
ein
stück
abschneiden
vom
maßband
bis
zum
ersehnten
ziel
solche
wunschadvente
erwartungsvoll
gestalten
ist
verbreitet
selbst
wenn
im
hintergrund
unverfügbar
noch
mit
anderer
schere
gekürzt
werden
wird

blendend

du
siehst
blendend
aus
sagt
der
bergbauer
seinem
gast
selbst
wenn
die
spruchtafel
in
der
stubenecke
warnt
auch
rote
äpfel
können
innen
faul
sein

coronakreuzfahrt

anordnung
der brücke
für passagiere
kajütenaufenthalt
wasserungsvorbereitungen
andere Schiffe
warnten
vor auftauchenden
caronafelsklippen
nicht erfassbar
für radar
auflaufen
also
nicht auszuschließen
rettendes ufer
fern
schwimmwesten
verteilt
rettungsbootplätze
im ernstfall
nicht
für alle
ausreichend
dennoch
kapitänsberuhigung
wir
drosseln
mögliches
auflauftempo

lebensmenue

reichhaltiges
lebensmenue
vielgängig
mit
zeitzutaten
garniert
erfahrungsgewürzt
abgestimmt
erlebte
schärfe
freude
bitterkeit
trauer
süßigkeit
alles
fein
abgeschmeckt
mit
reifedressing
für
den
stillen
genuss
eines
runden
jahrzehnts

todapplaus

die
nachricht
vom
tod
des
attentäters
erleichtert
es
gibt
applaus
für
polizeischützen
wenig
weiter
todesentsetzen
blumenstäuße
kerzen
und
trauer
um
die
täteropfer
auch
töten
kennt
eine
gefühlsbestimmte
rangordnung

nein

wenn
ich
auf
überzeugtes
nein
treffe
staune
ich
oft
über
die
absolute
verbindlichkeit
und
mächtigkeit
solcher
grenzziehung
die
auch
durch
keine
missachtung
etwas
von
ihrer
gültigkeit
einbüßt

Über den Autor

Jg. 1949, Studium der Philosophie und Theologie in Mainz und Münster in Westfalen. Von 1974 bis 2010 Unterricht an unterschiedlichen Schulen in der Sekundarstufe I und II in den Fächern Religion, Ethik und Philosophie. Langjährige Tätigkeit in Lehrer- und Erwachsenenfortbildung. Seit der Pensionierung im Jahr 2014 als freier Schriftsteller tätig.

.

Zeitfracht Medien GmbH
Ferdinand-Jühlke-Straße 7
99095 Erfurt, Deutschland
produktsicherheit@kolibri360.de